KB194176

그대 지금 길이 없다면
고요히 앉아 자신을 보라
모든 길은 자신을 통한다

바람에게 길을 물으니
네 멋대로 가라 한다

허허당 그림 잠언집

누가 나를 구제해주길, 위로해주길, 이끌어주길 바라지 마라.
그대는 이미 스스로 일어날 힘을 충분히 가지고 있다.

위즈덤하우스

존재의 길

—

그대가 지금 황량한 사막에 홀로 있어도
온 세상을 푸르게 할 수 있는 주인공이다

인생의 길

인생은 그렇게 울다 웃는 것, 하지만 그대여
오늘 밤은 실컷 웃다 잠드소서

행복의 길

—

만약 그대가 행복하다면 마음을 잘 쓰고 있다는 증거요
불행하다면 잘못 쓰고 있다는 증거다

사랑의 길

—

오늘도 힘들고 외로운 사람아 슬픈 사람아
그래도 세상을 꼭 안고 살자

여행의 길

—

홀연히 떠나는 자에겐
늘 새로운 세계가 기다리고 있다

자연의 길

—

산중의 겨울밤은 물을 것이 아무것도 없다
모두 스스로 길이 된다

존재의 길

그대가 지금 황량한 사막에 홀로 있어도
온 세상을 푸르게 할 수 있는 주인공이다

·· 비상

사막은 사람을 푸르게 한다

사막은 사람을 푸르게 한다
풀 한 포기 없는 사막에선 사람 스스로 푸르더라
두려워 마라
그대가 지금 황량한 사막에 홀로 있어도
온 세상을 푸르게 할 수 있는 주인공이다

그대가 빛이라면

어디서든 누구에게 빛을 받으려 하지 말고
스스로 빛이 되고자 하라
인간은 누구나 무한대의 빛을 가지고 있다

만약 그대가 빛이라면
쫓아다니며 뿌리려 하지 말고
고요히 앉아 번지게 하라

사람을 만나도 외로운 것은

사람을 만나도 외롭고 안 만나도 외로운 것은
참 나를 만나지 못했기 때문이요
사람을 만나도 공허하고 안 만나도 공허한 것은
참 나로 살지 못하기 때문이다

존재의 기쁨

밤은 밤이어서 좋고 새벽은 새벽이어서 좋다
너는 너여서 좋고 나는 나여서 좋다
무엇을 탓하는가
일체를 품고 제 존재의 기쁨을 만끽하라

시인은 시를 쓰고 화가는 그림을 그린다
농부는 농사를 짓고 세일즈맨은 세일을 한다
무엇이 더 좋은가
무엇을 하든
그대 존재를 즐기는 것이
가장 좋고 아름답다

생명 있는 모든 것은
존재 그 자체로 온전하다

·· feels so good

지금 내가 살아 있다는 것은

가끔은 세상이
끝없는 사막에 홀로 있는 것처럼
외롭고 쓸쓸할 때도 있다

그러나 너무 외로워하지 마라
이 세상이 그대 앞에 펼쳐져 있는 것은
그대가 우주의 중심이 되어
마음껏 뛰고 놀라는 것이다

살아 있다는 것은
세상을 아름답게 보라는 것
죽는다는 것은
그 아름다움을 품으라는 것

지금 내가 살아 있다는 것은
우주의 심장이 뛰고 있는 것

··· 우주의 심장

자신을 놓고 부릴 줄 아는 사람

걸림 없이 산다는 것은
일체를 초월해 산다는 것이 아니요
순간을 전체로 사는 것이다
매 순간 톡톡 떨어지는 영롱한 이슬처럼
존재 그 자체를 단순히 놓고 노는 것이다

자신을 놓고 부릴 줄 아는 사람은
천하를 놓고 부릴 줄 안다

무심에서 무심으로 가는 길은
우주 전체가 하나의 길이다
이 세상 무엇 하나 내 것이란 것 없지만
또한 내 것 아닌 것도 없다
이 도리를 알면 어디서든 자유롭다

고독의 끝

●

만약 인간에게 고독이 없었다면 무엇으로
이 광대무변한 우주에 관심을 가졌을 것인가
고독이야말로
인간의 영혼을 일깨우는 가장 큰 스승이다

사람의 눈이 가장 아름다울 때는
아주 슬픈 눈으로 먼 곳을 바라볼 때
혹은
싸늘한 눈빛으로 고독을 품고 있을 때

인간은 고독함으로써
모든 근원에 대한 질문을 한다
고독의 끝은 자유다

동병상련

●

밤길에 다니는 산짐승들은 늘 혼자다
동병상련이라 했던가
우린 늘 마주보며 물끄러미 쳐다본다
아마 이놈들도 수행자일 테지

하긴 세상에 태어난 그 무엇인들
수행자 아닌 것 있으랴

새가 하늘을 날 때
오직 제 몸에 붙은 날개 하나뿐이듯이
수행자가 의지할 곳은
제 몸에 붙은 등뼈 하나뿐이다

··교감

진정한 소통

소통이란 꼭 상대와 대화를 주고받는 것이라기보다
무엇이든 보고 듣고 느끼면서 자신의 삶을 깨달아가는 데 있다
보다 자유롭고 통쾌하게 자신의 삶을 사는 데 있다

고정관념을 버리면 만사가 편안하다
누가 나비를 보고 벌이라 해도 나비인 줄 알면 될 일
굳이 아니라고 이야기할 필요가 없다

수행자의 모습

오직 한 가지 일에 몰입한 수행자의 모습은
마치 한 마리 새가 앉아 있는 것 같다
조그만 소리에도 어디론가 날아갈 것 같은
바라보기가 조마조마하다

미래를 나는 새

●

스스로 털갈이를 못하는 새는
이미 병든 새다
미래를 나는 새는 날면서도
털갈이를 한다

··· 새가 된 아이

근원의 세계

●

전체를 보면 옳고 그름이 없다
부분에 머물러 자신을 괴롭히지 마라
근원의 세계에 무슨 시비가 있으랴

초월의 경지에는 아무것도 초월한 것이 없다
바람 불면 흔들리고 낙엽 지면 무상하다
죽어도 죽은 것이 없다는 것을 알면
진리도 진리 아닌 것도 없다

·· 강강술래

촉촉한 세상

●

누구나
촉촉이 젖어 있는 눈을 보면
마음이 숙연하다

자연도 촉촉이 젖어 있을 때
마치 사람이 흘린 눈물처럼
아무 말 없이 지켜보게 된다

오늘은 촉촉한 세상에서
끝없는 고독과 건배를 한다

가고 가고 또 간다

●

올 사람은 오고 갈 사람은 간다
낮도 가고 밤도 간다
머물지 마라
인생은 가고 가고 또 가는 것

돈도 사랑도 이별도
오늘 있다고 영원히 있는 것이 아니요
오늘 없다고 영원히 없는 것도 아니다
머물지 마라 그 어떤 것에도

붓을 잡았다

그림을 그려야 하지, 하고
붓을 바라보기만 한 지 두어 달
화선지를 꺼내 놓고
오늘은, 하고 지낸 지 한 달
그러고도 많은 시간이 흘렀다

그림을 그린다는 것은
그리기보다는 품는 것
닭이 알을 품듯 존재의 내밀한 그 무엇을
끊임없이 품고 사는 일

그림을 그린다는 것은
지금의 내가 또 다른 나를 향해
고요한 자살을 꿈꾸는 일

그림을 그린다는 것은
품었던 모든 것이 무작위로 쏟아지는
장맛비 같은 것
가슴속 장맛비에 귀 기울이는 것

아, 이제 내 가슴의 장맛비가 멈추는 날
나의 산천은 어떤 모습일까
붓을 잡았다

··· 생명의 축제
— 華嚴(생명의 꽃)

비움의 꽃

●

계절마다 돋아나는 생명의 꽃, 산은
봄엔 희망의 꽃을 피우고
여름엔 만족의 꽃
가을엔 결실의 꽃을 피운다
그중에 가장 아름다운 것은 겨울
비움의 꽃이다

산중 생활은 봄 여름 가을보다
겨울이 묘미가 있다
풍요의 미보다 비움의 미가
얼마나 아름다운 것인가를
발가벗고 말해준다

겨울엔 텅 빈 마음으로
사자의 수염을 달고 어슬렁거린다
어흥~

착한 호랑이

수행자의 계절

●

산중의 아침은 벌써 겨울이다
산새들의 울음소리도
마치 빙판에 미끄러지듯 깔끔하다
끼르륵 쨱~

아마도 겨울은
수행자의 계절이 아닌가 싶다

겨울은 감성의 폭이 깊고 고요하며
평평하면서도 날카롭다
겨울은 사람의 마음을
한없이 겸손하게 하면서도 야무지게 하고
쓸쓸하면서도 자유롭다
겨울은 나의 시야를 넓고 깊게 하여
내 안의 모든 것을 펼쳐놓는다

겨울엔 나의 동공이
고요하면서도 바쁘다
동네 개 짖는 소리가
이 산 저 산에서 꽁꽁 얼어붙는다

겨울은 다른 어떤 계절보다
사람의 영혼을 맑게 해주는
묘한 힘을 가지고 있다

텅 빈 계곡에 발을 담그면
맑은 하늘이 정수리에 꽂힌다

똥을 누면 똥이 도道

●

옛 선사들은
밥 먹고 똥 싸는 것을 도라 했다
그 뜻은 범부 중생은
밥을 먹으면서도 오만 생각을 하고
똥을 누면서도 오만 생각을 한다
그래서 중생이고

도인은 밥을 먹으면 오로지 밥만 먹고
똥을 누면 오로지 똥만 눈다
그래서 도인은 밥을 먹으면 밥이 도요
똥을 누면 똥이 도인 것이다

이 도리를 알면
매 순간 도 아닌 것이 없다

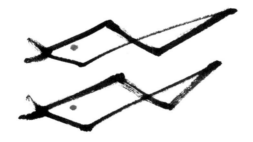

·· 선승의 눈 3

넘어 넘어서

●

인간이 만든 그 어떤 언어도
언어 그 자체가 진리인 경우는 없다
말씀에 머물면 말씀의 노예가 되고
부처에 머물면 부처의 노예가 된다

언어가 있기 전에는
부처도 없고 중생도 없었다
머물지 마라
언어에 머문 그 어떤 것도
참된 진리가 아니다

부처나 신의 이름으로부터 자유로운
그대 마음을 보라
바람은 바람이라 말하지 않아도
물은 물이라 말하지 않아도
잘도 불고 잘도 흐른다

가라! 그 어떤 곳에도 머물지 말고
넘어 넘어서

떠나 있어라

신을 알려면 신을 떠나야 하고
부처를 알려면 부처를 떠나야 한다
매일같이 신을 이야기하는 사람
신을 알 리 없고
매일같이 부처를 이야기하는 사람
부처를 알 리 없다

자신을 알려면 자신을 떠나야 한다

존재의 가장 깊은 곳

●

며칠 전 '존재의 커밍아웃'이란 글을 쓴 적이 있다
존재의 궁극 실상은 큰 슬픔이라고

사실 존재 그 자체는
기쁨도 슬픔도 외로움도 고독도 쓸쓸함도 아니다
이 모든 것은 매 순간 일어났다 사라지는
물거품 같은 것
그러나 우리는 이 거품 속에서
매 순간 허우적대며 살아간다

생각해보면 우리의 인생사가
환이요, 몽이요, 물거품이 분명한데
우리는 이 거품 속에서
허우적대지 않을 수 없다

나는 이 꿈같은 세상, 물거품인 세상을
도무지 영원한 것은 아무것도 없는 이 세상을
또한 사랑하지 않을 수 없다

너무나 터무니없이 아무것도 아니기에
아무것도 아니기에 너무 슬프고
아무것도 아니기에 너무 사랑한다

정말 아무것도 아닌 이 도깨비 같은 세상을
도깨비 꿈을 꾸듯 사랑하는 것이다
이 거품 같은 세상을

허나 이 거품 가운데서도
슬픔이란 거품은 비록 거품일지라도
존재의 가장 깊은 곳에서
사랑과 자비로 눈떠 있다

그렇다
만약 그대가 인간 존재의 궁극 실상이
큰 슬픔이란 것을 안다면
아마도 그대는
아무도 아무것도 미워할 수 없을 것이다
아무도 아무것도 원망할 수 없을 것이다

깨어 있는 자

●

깨어 있는 사람은 아무도 못 속인다
망념을 버리면 속을 일이 없다
자신의 삶을 충실히 사는 사람은
아무한테도 속지 않는다
속을 시간이 없다

비가 와서 좋고 눈이 와서 좋다
깨어 있는 자는 만물을 있는 그대로 품고 산다
낮이 와서 좋고 밤이 와서 좋다
깨어 있는 자는 매 순간 순간을 살기에
밤낮 없이 자신의 존재를 갖고 논다

깨어 있어라
지금 깨어 있는 그대의 마음이
천지 창조다

진리는 단순하다

언어를 잘 갖고 노는 사람은
많은 단어를 쓰지 않는다
언어도 생명인지라 복잡하면 자유롭지 않다

언어를 잘 갖고 노는 사람은
아주 평범한 말로도 감동을 준다
진리는 단순하다

만약 그대가
진리와 한 몸이 되고자 한다면
단순 명쾌하라
그럼 진리가 먼저 그대를 따를 것이다

밤이 오면 밤을 안고
낮이 오면 낮을 안고
이놈은 밤낮 없이 안고 놀아도
지칠 줄 모른다

직관의 힘

생각을 그때그때 생각토록 놓아두라
생각을 끌고 다니면 지혜가 막히고
무심히 놓아두면 절로 빛난다
그때그때 직관의 힘으로

토굴 생활

혼자 살다보면
식사를 번갯불에 콩 볶아 먹듯이 한다
뭘 맛있게 먹어야지 하는 생각보다
의무적으로 넣어주어야 한다는 생각이
앞선다
오늘은 국물 있는 음식을 좀 먹어야겠다

밖은 장맛비로 온 세상이 촉촉한데
내 뱃속은 가뭄으로 논바닥처럼 갈라진다
문을 여니 축 늘어진 빨랫줄에
비에 젖은 양말 한 짝 구른다

‥ 학의 다리가 된 허허당

자유롭다는 것은

●

아무리 좋은 것도
없는 것만 못하다는 것을 알면
그대는 이미 자유인

자유인의 영혼은
세상 그 어떤 것에도 머물지 않는다
천당이나 극락에도

참 자유인은
외로움도 자유, 고독도 자유다
그에게
외로움은 새의 날개와 같고
고독은 멀리 보는 눈과 같다

자유롭다는 것은
모든 것을 벗어나 홀로 있는 것이 아니라
모든 것을 품고도 걸림 없는 것을 말한다

온전한 깨달음

아무도 가르쳐주지 않는 것을
홀로 깨달았을 때 이보다 더 큰 기쁨이 없다
무엇이든 스스로 깨달아야 온전하다

좋은 것을 탐하지 않는 사람은
나쁜 것에도 물들지 않는다
마음을 비우면 세상 그 무엇도
잠시 스쳐지나갈 뿐이다

고요히 자신을 보라

●

고요히 자신을 들여다보는 사람은
남의 얘기에 함부로 하지 않고
함부로 듣지 않는다

고요히 자신을 내려다보는 사람은
자신의 이야기를 남에게 묻지 않고
스스로 깨달음에 귀 기울인다

고요히 자신을 사는 사람은
심호흡으로 숨을 고른다
헐떡이는 숨은 오래가지 못하고
사물을 온전히 바라볼 수 없다
귀가 있어도 눈이 있어도

삶이란 한 숨 한 숨 내쉬는 것
고요히 자신의 소리에 귀 기울이며

禪舞(깨달음의 춤)

특별한 사람

●

자신에게 주어진 삶을 열심히 살지 않고서
남들보다 특별한 사람이 되고자 하면
특별한 고통이 따를 뿐 특별해지지 않는다

모든 특별한 사람들은
자신에게 주어진 삶을 최선을 다해 산 것뿐
특별해지려고 한 사람들이 아니다

어디를 가도 행복한 사람

여기 있으면서 저기를 생각하고
저기 있으면서 여기를 생각하는 사람은
어디를 가도 불행하고
여기서는 여기를 살고 저기서는 저기를 살면
어디를 가도 행복하다

어떠랴! 한 점 바람이면

오늘은 길 잃은 나그네의 슬픔으로
비에 젖은 아카시아 꽃향기로 서 있고 싶다
내일은 산불에 몸살 앓은 작은 소나무로 서서
노승의 기침 소리에 편지를 써야겠다

너는 태어났다
아무런 부족함 없이
너는 온전했다
무엇과도 비교할 수 없이
어떠랴! 한 점 바람이면
잠시 스쳐 지나갈 세상

···홀로 우는 새

지금 당장

마음을 바꾼다는 것, 참 어려운 일이다
한 마음 바꾸는 데 한평생 걸린다
마음을 바꾼다는 것은 완전히 새롭게 태어나는 것
그러나 지금 바꾸지 않으면 영원히 못 바꾼다
행여 그대가 잘못된 마음으로 세상을 산다면
지금 당장 바꾸어야 한다

인생의 길

인생은 그렇게 울다 웃는 것, 하지만 그대여
오늘 밤은 실컷 웃다 잠드소서

··기도

인생이란

팬히 눈물이 나기도 하지요
팬히 웃음이 나기도 하고 그렇습니다
인생이란 그렇게 울다 웃는 것

하지만 그대여
오늘 밤은 실컷 웃다 잠드소서

가라

●

넘어야 할 산이라면 망설이지 마라
산이 높다고 마냥 쳐다보기만 할 것인가
가라

··· 割(할)

천지삐깔이

●

언뜻 보면 세상에
공짜가 아무것도 없는 것 같지만
그렇지 않다
천지삐깔이다

그대가 오늘 하루 종일 웃고 다녀도
돈 달라는 사람 없고
즐겁고 행복해도
돈 달라는 사람 아무도 없다

괜히 사람을 좋아해도 괜한 행복이 따르고
괜히 사람을 미워해도 괜한 불행이 따른다
괜히 사람을 만나도 즐거운 마음으로 만나면
괜한 즐거움이 공짜로 생긴다

공짜를 잘 쓰고 사는 사람은
공짜 아닌 것도 잘 쓴다

··· 빨주노초파랑새

단순하게 살기

●

세상이 아무리 복잡해도
정작 내게 필요한 것은 그다지 많지 않다
삶이 단순하면 세상도 단순하다

오늘은 오늘을 살고 내일은 내일을 살자
바람 불 땐 바람 소리 듣고 비올 땐 빗소리 듣자
삶을 단순하게 있는 그대로 몰입하면
모든 것이 축복이다

무슨 일이든 가장 어려운 고비엔
가장 쉽고 단순한 것을 따르면 된다

오후의 산책길에 단풍잎 하나 줍고
개울물 소리 듣는다

매듭

●

절로 꼬인 매듭은 절로 풀린다
애써 매듭짓지 말고 푸는 고생 하지 마라

바로 보기

자신을 자랑하지 못해 안달하는 사람은
어딜 가나 사람을 불편하게 한다
자신을 살피지 않고 자기도취에 빠져 있는 사람은
늘 타인을 불편하게 한다

자신을 바로 보지 않고서
무엇을 의지해 살려고 하는가

자신을 정직하게 보지 않는 사람은
천만성인이 길을 터줘도
온전한 삶을 살지 못한다

觀(바로 보기)

그대가 가야 할 길

신의 이름을 알고부터 신을 의식하게 되었고
부처의 이름을 알고부터 부처를 의식한 것이다
모든 이름으로부터 자유로운 것
무엇이라 이름 해도 걸림 없는 것
그것이야 말로 참으로 그대가 가야 할 길이다

조직은 진리를 말하지 않고
집단은 진실을 말하지 않는다
자유, 진리, 생명
이것을 조직할 사람은 아무도 없다

진리를 얻고자 하는가
혼자서 가라
생명을 얻고자 하는가
자유로워라

가슴속의 말

●

말을 내뱉지 않고 터지게 하면
말속에 울림이 있다
마치 깊은 동굴의 메아리처럼
가슴속 깊은 곳에서 터져 나오는 말은
해도 녹이고 달도 녹인다

본래 인생은

어떤 분이 찾아와
나름 인생 열심히 살았는데
인생 남는 게 아무것도 없다고 했다

그게 정답이라고 했다
본래 인생은
남는 게 아무것도 없는 것이라고
허망하다고 했다
그런 줄 알면
앞으로의 인생은 아무것도 안 남아도
잘 살 수 있을 거라고 했다

정직하면 편안하다

비가 오나 눈이 오나 자연과의 대화는
언제나 마음이 고요하고 평화롭다
만물은 있는 그대로 정직하게 반응한다
사람도 정직하면 편안하다

인간의 비극은
아는 것을 모른다 하고
모르는 것을 안다고 하기 때문이다
모든 비극은 여기서 비롯된다

농담을 알면 진리가 보인다

●

인생을 농담 조금 장난 조금
이렇게 말하면 너무 허망할까
하지만 내 살아보니
인생은 장난 조금 농담 조금
그뿐이더라

부처도 예수도 알고 보면
이 농담한 세상에
농담 한마디씩 하고 간 것뿐이다

농담을 알면 진리가 보인다
진리는 있는 그대로
농담하게 드러난다

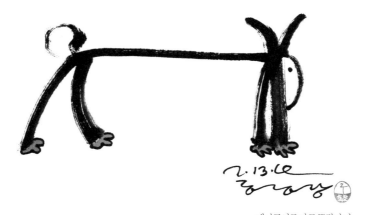

·· 매니큐어를 바른 똥강아지

무소유

●

잔을 채울 땐 확실히 채우고
비울 땐 확실히 비우라

무소유란
늘 빈 잔으로 있는 것이 아니라
채우고 비우는 데
걸림 없는 자유를 말한다

·· 절대자유

집착 말고 집중하라

●

집중해서 하는 일은 일 자체가 즐겁고
집착해서 하는 일은 일 자체가 고통이다
집중은 늘 새로운 것에 대한 것이고
집착은 늘 지나간 것에 대한 것이다

창조적인 사람은 무엇이든
집착하지 않고 집중해서 산다

그림을 잘 그리는 사람은 그림을 갖고 놀고
시를 잘 쓰는 사람은 시를 갖고 논다
무엇이든 집착하지 않고 집중해서 노는 사람은
삶 자체가 시요, 그림이다

차라리 홀로

●

외로운 게 좋겠다
고독한 게 좋겠다
차라리 눈 덮인 소나무 가지처럼
무겁게 휘어져도
지금 세상은
거짓이 진실을 삼켜버리는 시대

외로운 게 좋겠다
고독한 게 좋겠다
차라리 홀로
눈밭에 쓰러져 죽어도

이래도 안 되고 저래도 안 될 때

●

살다 보면 이래도 안 되고 저래도 안 되는 것이 있다
그럴 땐 마음을 완전히 비워야 한다
안 되는 것을 억지로 하면 그보다 큰 불행이 없다

‥ 염원

부끄러움을 모르는 사람

●

무슨 일에 부끄러움을 못 느끼는 사람은
절대 자신을 돌아보지 않는다. 따라서
무슨 일이 일어나도 반성할 줄 모른다
이런 사람은 늘 문제는 자신이 만들어놓고
누가 뭐라고 하면 신경질 낸다

세상의 크기

자신의 입장에서만 세상을 바라보면
세상의 크기는 겨우 한 뼘이요
모든 사람의 입장에서 바라보면 무한대다
사람들은 이런 이치를 알면서도
한 뼘 속에서 허우적거린다

마음을 비우면

●

가끔은 사람들의 얼굴에서
아주 멋쩍은 웃음과 씁쓸한 미소가
더없이 아름다울 때가 있다
아마도 그 순간
마음을 비웠기 때문이리라

마음을 비우면 모든 것이 신비롭다
바람 한 점에도 온전한 자신의 모습을 발견한다
뿐만 아니라
내가 곧 하늘이요, 땅이요, 천둥 벼락임을 안다

마음을 비우면 물소리가 물소리 아니요
바람 소리가 바람 소리 아니다
일체 만물이 그대의 숨소리이다

하나를 전부라 생각하지 마라

●

무엇이든
하나를 놓고 전부라 생각하지 마라
그것이 무엇이든
사랑, 이별, 혹은 진리일지라도
그것을 전부라고 생각하면
반드시 마음에 상처를 받는다

한마음으로 사는 것

아이들은
사소한 것에도 모든 것을 집중한다
한마음으로 사는 것 그것이
축복이요, 그것이 순수다

·· 이리와

순수한 도발

순수한 도발은 어처구니없이 좋다
어린아이가 할아버지 수염을 만지는 것처럼
그런 기분이 들 때 얼마나 사랑스러운가
사람은 때때로 도발해야 한다

·· 왜그래

생명 중심

●

환경 중에 가장 잘 가꾸어야 하는 환경은
사람의 환경이다
사람이 갖는 생각과 마음,
이 환경을 잘 가꾸지 않고선
다른 어떤 환경 운동도 별 소용이 없다

인류가 지금껏 살아온 세상이
신의 중심, 인간 중심의 세계였다면
앞으로 인류가 살아갈 세상은
생명 중심, 환경 중심의 세계로 나아가야 한다

지금 인류가 겪고 있는 모든 불안과 두려움은
오직 인간만이 잘살려고 했기 때문이다
이걸 모르고 계속 가면 인류가 제일 먼저 멸망할 것이다

지금껏 인류가 존재하며 만들어진 그 어떤 것도
인간 이외 다른 모든 생명체에게는 백해무익이다
아마도 지구 생명이 가장 골치 아파 하는 것은
인간이 아닐까

지금껏 인간이 만든 그 어떤 것도
아직 만들어지지 않은 것만 못하다

진실한 마음

글을 편안하게 쓰지 않고 배배 꼬아
빛나게 하려는 사람은
꼬다가 순수한 마음의 빛을 잃어버린다
이런 글은 아무리 잘 꼬아도
시끄럽기만 할 뿐 아무런 감동이 없다

산 언어를 쓴다는 것은
새로운 언어를 사용하는 데 있지 않고
일상 쓰는 단어지만
작가의 진실한 마음과 안목에 따라
마치 숲속을 뛰어다니는 산짐승같이
펄펄 살아난다

말, 어렵지 않다
진실하면 힘을 갖는다

사람이 가장 아름다울 때는
진실한 마음이 전해지는 눈빛과 가슴
그 순간을 마주할 때이다

·· 묘관음

오직 사람만이

●

만물은 있는 그대로 자신의 삶을 살 뿐
다른 무엇을 닮으려 하지 않는다
오직 사람만이 자신 이외 다른 무엇을 닮으려 하니
오직 사람만이 있는 그대로 온전하지 못하다

얼음을 깨고 흐르는 물소리가
세상을 흔들어 깨운다
자연은 무엇 하나 거리낌 없이 있는 그대로 온전한데
인간 세상은 무엇하나 온전한 것이 없구나

이런 사람

●

한마디 하면 백 마디 하는 사람들이 있다
이런 사람들은 대다수 자신만 알고
남의 말엔 신경 안 쓴다

한마디 말과 한 줄의 글을 써도
자신의 기분에 따라
말하고 글을 쓰는 사람이 있는가 하면
자신보다는 남을 위해
말하고 글을 쓰는 사람이 있다
이런 사람은 좀처럼
다른 사람과 시비하지 않는다

양심 1

●

무슨 일에 보수냐 진보냐 하는 것은
아무런 의미가 없다. 다만 그것이
진실이냐 거짓이냐가 중요할 뿐

보수든 진보든
자신의 양심과 진실을 속이는 사람은
역사의 죄인이다

사람이 사람인 까닭은 양심이 있기 때문이다
일신의 영달을 위해 양심을 버린 자
천년을 산들 무슨 소용 있으랴

‥ 꼬리를 감춘 여우

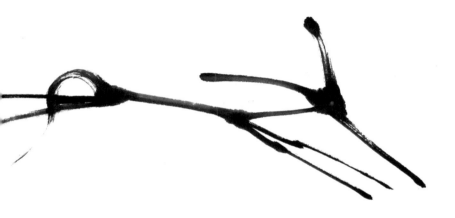

‥ 꼬리를 흔드는 여우

양심 2

●

자신의 양심의 소리에 귀 기울이지 않고
무조건 자신이 바라는 목적만을 위해
수단 방법을 가리지 않는 사람은
끝내 스스로 불행할 수밖에 없다
뿐만 아니라 많은 사람을 불행하게 한다

세상에서 가장 높고 큰 자리는
인간의 양심을 지키는 자리
이것을 지키지 않는 자는
아무리 높고 큰 자리에 있어도
마냥 천박할 뿐이다

밖을 나가보니

●

밖을 나가보니 사람사람이
모습과 생각, 마음이 천태만상이나
그중에 아무튼 잘살아보자는 사람과
아무튼 즐겁게, 아무튼 욕 안 먹고
그리고 드물지만
삶 자체를 수행의 방편으로 사는 사람
대체로 이렇게 나눠볼 수 있겠더라

첫 번째 아무튼 잘살아보자는 사람은
생기는 넘쳤지만 눈빛이 어지러우며 마음이 분주했고
즐겁게는 항상 뭔가를 찾는 눈빛으로 마음이 불안정했고
욕 안 먹고는 다소 눈빛은 고요했지만
마음이 무엇을 잃어버린 듯 허망해 보였다
그러나 삶 자체를 수행 삼는 사람의 눈빛은
깊고 고요했으며 마음이 한없이 평온해 보였다

그리고 잘살아보자는 사람의 목소리는 마치
폭죽 터지는 소리 같았고
즐겁게는 개울 물, 욕 안 먹고는 가랑비
마지막 삶을 수행의 방편으로 삼는 사람은
마치 동굴에서 울리는 소리같이
사람의 귀를 끌어당겼다

헛된 마음, 헛된 말

●

글도 통증을 느낀다
가끔 글을 써놓고 지우는 것은
글을 쓸 때 조금이라도 헛된 마음이 들어가면
제발 나 좀 지워줘 하고 소리치기 때문이다
글도 헛소리를 하면 아픈가 보다

어제의 말이 오늘 살아 있지 못하고
오늘의 말이 내일 살아 있지 못하면
한평생 말을 해도 아무 쓸모가 없다

세상을 크게 보는 사람

세상을 넓고 크게 보는 사람은
자신의 감정에 충실하되
자신의 감정에 매몰되지 않는다
자신의 감정에 매몰되는 사람은
자신 이외의 것은
그다지 중요하게 생각하지 않는다

마음의 눈

●

배워서 아는 것은 한계가 있다
모든 학문이 끊어지고 마음의 눈이 떠지면
배우지 않아도 절로 안다
이때 아는 것은 천만성인도 못 속인다

사람 보는 눈을 가지려면
먼저 마음의 눈을 떠야 한다
마음의 눈을 뜨면 척 보면 안다
척 보면 아는 자는
남의 말을 함부로 하지 않는다

··· 心(마음의 눈)

깨친 마음

마음은 장난꾸러기 변덕쟁이
오늘 마음에도 내일 마음에도 머물지 마라
마음을 떠나면 참 나가 있다

마음이란 놈이 시시각각 변하고 변하지만
크게 한번 깨친 마음은
영겁의 세월에도 변함이 없다

방편을 좇지 말고 본질을 꿰뚫어라

‥ 피카소 약 올리기

있는 그대로 놓고 놀면

어떤 이는 비가 와서 좋고 눈이 와서 좋다 하고
어떤 이는 비가 와서 싫고 눈이 와서 싫다 한다
좋다 좋다 하면 좋은 일만 생기고
싫다 싫다 하면 싫은 일만 생긴다

마음을 비우면 어딜 가도 편안하고
비우지 못하면 어딜 가도 불편하다
무엇이든 있는 그대로 놓고 놀면
만사형통이다

잡으려 하면 도망가고
떨치려 하면 달라붙는다
무엇이든 있는 그대로 놓고 놀면
도망가는 것도 달라붙는 것도 없다

애써 존재감을 갖는 것은
자신을 더 허망하게 한다
무엇이든 있는 그대로 무심히 놓고 놀면
만사가 존재감이다

행복의 길

만약 그대가 행복하다면 마음을 잘 쓰고 있다는 증거요

불행하다면 잘못 쓰고 있다는 증거다

..아침

무심한 행복

●

빈 나뭇가지에 앉은 새 한 마리
네가 있어 행복하다

졸졸 흐르는 개울물 소리
네가 있어 행복하다

뺨을 스치는 바람 소리
네가 있어 행복하다

잠에서 깨어나면
제일 먼저 나를 맞는 새소리
이것만으로도 난 충분히 행복하다

세상 하나의 진실만으로도
충분히 행복할 수 있다

굿모닝

저무는 것은 아름답다

죽어가면서도
삶을 노래하는 사람이 있다
아마 그 노래는
이 세상 모든 것이 행복하라는 것일 게다
나도 당신도
이 노래를 멋지게 부르다 갈 수 있길

날이 저문다
저물어가는 모든 것은
왜 이리 겸손한지
괜히 눈물이 난다
사막의 황혼이 그리 아름다운 것도
미련 없이 저물기 때문이다
삶도 인생도 저물어갈 때 아름다워야 한다

네가 만약

시인이 되기 위해 시를 쓴다면
시가 너를 비웃을 것이요
화가가 되기 위해 그림을 그린다면
그림이 너를 배반할 것이다

네가 만약
시를 쓰고 그림을 그린다면
네 삶이 시가 되고
그림이 되게 하라

지금 그대는

●

하루에 한 번
눈길을 뗄 수 없는 무언가를 본다든지
아름다움을 느낄 수 있는 사람은
참 선하고 행복한 사람이리라

당신은 오늘 눈길을 뗄 수 없는 그 무엇을 보거나
아름다움을 느낀 적 있는가

자신 스스로 자신에게
선한 마음이 느껴질 때 얼마나 행복한가
누구나 하루 한 번 이런 기분을 느끼고 사는 사람은
참 아름다운 사람이리라

지금 길을 멈추고 자신을 보라
어떤 사람인가

마음을 오므리면
바늘 끝 하나 들어갈 자리 없고
펴면 하늘을 덮고도 남는다

지금 그대는 어떤 마음인가

웃는 사람의 얼굴

화사하게 웃는 사람의 얼굴
세상에 이보다 아름다운 것도 없다
날씨가 후덥지근하다
이런 날 이런 얼굴을 하고 있는 사람은
분명 천사일 것이다
당신이 바로 그 사람이길

.. 자화상

그런 것이다

그런 것이다
때론 멀리서 들려오는
반가운 사람 목소리 하나만으로도
세상이 편안하다
그냥 있는 듯 없는 듯 문득
그리운 사람 하나 있는 것만으로도
한세상 살만하다

그런 것이다
마음을 비우면 세상 모든 것이 편안하다
살만한 세상이다

·· 기다림

구제의 길

●

지혜로운 자는 산을 넘지 않고서도
산 너머에 무엇이 있는 줄 알고
어리석은 자는 산을 넘고서도
무엇이 있는지를 잘 모른다. 그리고
또 다른 산을 힘겹게 넘으면서도
자신의 어리석음을 보지 못한다

무명 중에 가장 큰 무명은 어리석음이다
어리석은 자는 천만성인이 나타나도 구제하기 힘들다

누가 나를 구제해주길 바라지 마라
그대는 이미 스스로 자신을 구제할 능력을
충분히 가지고 있다

자신을 구제할 사람은
오직 자신뿐이란 것을 알면
그대는 이미 깨달음의 길에 들어선 것이다
스스로 구제받지 못한 사람은
다른 어떤 사람도 구제할 수 없다

부처도 예수도 오직
스스로 구제받은 사람이다

그대 지금 행복한가 1

일상 소소한 일이지만 누군가에게
따뜻한 위로와 위안이 되기 위해 마음을 쓰면
먼저 자신의 마음이 따뜻해지고
자신이 먼저 행복해진다

위로받기보다는 위로하는 마음
내가 다소 힘들어도
상대방을 먼저 위로하는 마음으로 살면
자신이 먼저 위로받는다

만약 그대가 지금 행복하다면
마음을 잘 쓰고 있다는 증거요
불행하다면 잘못 쓰고 있다는 증거다

그대 지금 행복한가

·· 얌전한 고양이

그대 지금 행복한가 2

남이 잘되는 것을 좋아하는 사람은 행복한 사람이다
남이 잘되는 것을 보고 기뻐할 줄 아는 사람은
삶과 인생이 꼬이지 않는다. 왜냐하면
다 잘 살고 있는 사람 가운데 내가 있다면
마치 꽃밭에 있는 것처럼 행복할 것이다

무엇이든 나누는 것은 행복한 일이다
그것이 눈에 보이든 보이지 않든
무엇보다 자신이 먼저 행복해진다

창조적인 사람

●

사람은 늘 새로운 것에 대한 설렘이 있다
누구나 이미 아는 것은 설렘이 없다
사람을 만나도 설렘이 없는 것은
이미 상대를 알고 있다는 생각 때문이다

모르는 것은 항상 신비롭다
그대가 상대를 안다고 생각할 때
모든 신비는 사라진다
그대가 상대를 안다고 하는 순간
그대는 상대를 만나는 것이 아니라
자신의 고정관념을 만날 뿐이다

모든 아름다움은 상상 밖에 있다
아는 길은 편안하지만 더 이상 신비로움이 없다
창조적인 사람은 아는 길을 가지 않고
모르는 길을 간다

웬만하면 1

매일같이 죽는다 죽는다 하는 사람은
웬만하면 그냥 죽는 것이 좋다
괜히 산사람들 틈에서 죽는다 죽는다 하면
괜히 산사람도 죽을 맛이다

.. 열반

웬만하면 2

무슨 일을 할 때
걸핏하면 목숨 걸고 한다는 사람들이 있다
이런 사람 웬만하면 가까이하지 마라
일을 목숨 걸고 하는 사람들은
그 일이 잘되어도 나눌 줄 모른다
권력도 목숨 걸고 쟁취한 자들은
많은 목숨을 앗아간다

‥ 해탈

지금 나는

●

숲에서 흐르는 물소리를 듣다 몸속의 피가
맹물처럼 흐르고 있다는 것을 깨달았다

모든 시간이 멈추어버리고 밤은 산 능선을 따라
쭉쭉 찢어진 하늘 꼬리와 온전한 제 모습을 찾느라
시시비비에 여념이 없다

하늘과 어둠이 서로 밀고 당기며
때론 하늘이 어둠을 찔러 희미하게 힘을 빼놓는가 하면
어둠이 하늘을 덮어 이상한 조각보를 만들어놓는다
한판 승부는 끝날 기미가 없고
산의 화해의 몸짓에 하늘 꼬리가 늘었다
밤의 꼬리가 줄었다 한다

밤이 밤이지 못하고
하늘이 하늘이지 못한 것을
산은 알지 못한다
지금 나는 근원에 대해 답할 시간
우~우~
멀리서 산짐승이 운다

내 인생의 부도

●

오늘은 6살배기와 3시간을 놀았다
아니 놀았다기보다는 솔직히
내 인생을 송두리째 부도 맞았다는 것이 정답일 것이다

사람이 없는 이곳에서 지금 이 아이는
나에겐 전 인류나 마찬가지다
그렇게 생각하고 그렇게 바라봤다
아이의 눈빛과 표정, 그리고 아이의 여러 가지 행동 속에서
나는 인류 역사의 흐름을 읽어 내려갔다
아이의 눈빛을 통해 생명의 근원을 느끼고 싶었던 것이다

아이가 물었다

지구는 누가 만들었어요? 어떻게 만들었어요? 언제 생겼어요?
나비 알은 어떻게 생기나요? 어떻게 알을 낳아요?
포도는 보라색이 되기 전에 무슨 색이었어요?
짐승은 털이 많은데 털은 왜 생겼어요? 물고기는 왜 털이 없어요?
뼈 속에는 어떤 물이 있어요? 물은 누가 만들어요?
지렁이 똥은 커요? 작아요? 무슨 색이에요?
매미 이는 몇 개예요?
모기 창자는 어디 붙었어요?
음… 그리고 또

아이는 3시간 동안 수백 가지의 질문을 던졌지만
나는 단 한 개의 답도 내놓지 못했다
진실로 나는 단 한 개도 제대로 아는 게 없었다
정말 아무것도

나는 오늘 6살배기 앞에서 비로소
세상 아무것도 모르고 살았구나 하는 것을 깨달았다

빨간 양말

●

Drowning in Tears - Gary Moore

내일은 이 노래와 함께 길을 떠나리
새들이 지나는 숲길을 따라
눈 녹는 계곡을 비틀거리며
빨간 양말의 눈빛과 케빈 코스트너의 미소로
클린트 이스트우드의 망토를 걸치고
봄을 맞는 온갖 생명들과 이 노래를 들으며 걷고 싶다
이 노랠 들으며 놀고 싶다

빨간 양말은 그리스에서 만난 집시를 말한다
빨간 양말은 신발 없이
빨간 양말만 신고 다녀 그렇게 부른다
그의 눈은 참으로 깊고 평온했다

‥ 방랑자

진리를 훔쳐라

●

짐승들은
자신의 배가 고프지 않으면
아무도 해치지 않는다
그러나 사람들은 자신의 배가 불러도
하염없이 쌓아놓고
배고픈 사람을 업신여긴다
누가 더 나은가

사람들아
도적이 되려면 아주 큰 도적이 되어라
우주를 훔치고 진리를 훔친 부처 같은 도적
만날 여기 가서 땅 좀 사고 저기 가서 땅 좀 사서
올라가나 내려가나
원숭이 재주넘는 그런 짓 그만하고
사람들아

찻잔 속 달빛

●

고요히 흐르는 달빛에 기대어
바람을 낚아 차를 마신다
졸졸 흐르는 계곡의 물이
달빛을 쫓느라 첨벙거린다

앞산 소나무에 앉은 달
동네 개 짖는 소리에 놀란다
찻잔 속에 흔들리는 달빛
왕창 내 안으로 쏟아진다

자판기 커피

●

밤길 휴게소 자판기 커피는
나그네를 가장 나그네답게 해주는 마력이 있다
500원짜리 동전 하나로
거스름돈까지 챙기는 기막힌 행복
이 맛 아는 사람 더러 있으리

내 인생의 행복 지수가 가장 높이 올라갈 때는
밤길 휴게소에서 먼 산을 바라보며
자판기 커피를 마실 때인데
어찌하여 400원 하던 커피가 500원 되었나
며칠 전만 해도 500원짜리 동전 하나로
커피 한 잔을 빼 먹고도 거스름돈까지 챙겼는데
대체 누가 올린 거야

휴유암 소식

뱅글 뱅글 돌았다
동네 강아지와 마당을 여섯 바퀴
달은 뜨지 않았다
매미 소리 끊기고 귀뚜라미 울기 시작한다

스쳐가는 바람 한 점에
내 인생의 모든 것을 건다
아무도 눈치 못 챈다

‥ 생명의 축제
— 金剛(영원의 꽃)

순간이 영원이 되게 하라

●

삶을 수단으로 살지 않고
목적 그 자체로 산다면
미련도 후회도 없을 것이다

삶은 끊임이 없이 변하고 변하는 것
쫓아버려라. 먼 훗날의 생각일랑
지금 무조건 행복하라

인생의 목표를
지금 살아 있는 그 순간에 두어라
순간이 영원이 되게 하라

지금 행복하지 않다면
언제 행복할 수 있으랴

연필로 시를 쓰면

●

해가 저문다
아직 녹지 않은 눈들이 희끗희끗
쓸쓸한 나그네의 마음을 괜스레 건드린다
촛불을 켜고 커피를 마신다
오늘밤엔 손톱을 깎고 연필로 시를 써야지

연필로 시를 쓰면 마음이 순해진다
순한 마음이 백지 위를 걸어 다닌다
연필로 시를 쓰는 사람을 보면 왠지 마음이 쓸쓸하다
그러나 이보다 아름다운 풍경도 세상엔 잘 없다

연필
이름만 들어도 가슴이 따뜻하다
밤새 연필을 굴리며 시 한 줄 못 써도
굴리는 것만으로도 행복하리라

선시

●

아침 바람 찬바람에 울고 가는 저 기러기
구리구리 말아서 우체통에 넣자

옛사람들은 참 멋지게 살다 갔어
천지를 호주머니에 구겨 넣고

푸른 하늘 은하수 하얀 쪽배에
계수나무 한 나무 토끼 한 마리
돛대도 아니 달고 삿대도 없이
가기도 잘도 간다 서쪽 나라로

하~
이보다 멋진 선시가 어디 있으랴

… 조주선사약 올리기

토끼눈

●

커피를 한 잔 하다
문득 며칠 전 옥수수 씨를 뿌려 놓은 것이 생각나
씨 뿌린 곳을 유심히 한번 살펴보았다

이제 겨우 1센티 정도의 싹을 틔우고 있는 옥수수는
한 알 뿌린 곳에 한 잎
두 알 뿌린 곳에 두 잎
혹은 다섯 여섯
그중 제일 많은 놈이 아홉
뿌린 만큼 싹을 틔우고 있었다

한 잎은 한 잎 나름의 땅과 하늘의 조화를 이루었고
두 잎은 두 잎 나름의 시간과 공간을 차지했다
그중 다섯 여섯 무리를 이루고 있는 놈은 한들한들
서로 고개를 비비며 즐거운 듯이 흔들거렸고
한 잎 두 잎 있는 놈은
왠지 모르는 쓸쓸함으로 파르르 떨고 있었다

순간 나는 화들짝 놀라
토끼눈을 하고 주위를 살폈다

··· 알콩달콩 껄떡새

미련 없이 떠나기

여름의 끝자락에서 울어 대는 매미 소리가
왠지 좀 서글프다
그러나 그 소리가 더욱 더 아름다운 것은
미련 없이 떠날 줄 알기 때문이리
무엇이든 미련 없이 떠나는 것은
더 큰 여운을 남긴다

말의 노예

●

이렇게도 말하고 저렇게도 말한다
모든 경전은 말이다
그러나 말에 머물면 죽는다

말은 말 이전에 소식을 전하기 위함이다
말에 머물러 말에 사는 것은 말의 노예다
어떤 말이든 말을 떠나야 말이 전해진다

아무리 좋은 것도

●

단비가 단 것은
잠시 스쳐 지나기 때문이다
아무리 좋은 것도
오래 잡고 있으면 괴로움이다

행복의 도가니

전기밥솥과 친해진 지 어언 8년
밥을 안치고 시작 버튼을 누르면 딩딩댕댕딩딩~
신호음이 울린 다음
약 17분쯤 있으면 푸치 푸푸치치 2분 정도 호들갑을 떨다
갑자기 쥐 죽은 듯이 5분 정도 가만히 있다가 땡~땡~땡~땡~
정확히 4번 울린 다음
마지막으로 푸우우우~~~ 하면 밥이 다 된 것이다

요즘 나의 일상은 이 밥하는 과정이 다른 어떤 것보다 즐겁다
밥통이 내는 마지막 소리 푸우우우~~ 하는 순간
내 몸의 모든 것이 기절초풍한다
코가 벌렁대고 귀가 쫑긋거리고 창자가 밀렸다 당겼다
오장육부가 행복의 도가니에 빠진다

··트위스트

어리석음과 지혜로움

이리 가도 불행하고 저리 가도 불행한 사람이 있는가 하면
이리 가도 행복하고 저리 가도 행복한 사람이 있다
전자는 자신의 욕망에 끄달리는 사람이고
후자는 그것으로부터 자유로운 사람이다

어리석은 자는 어디를 가나 남의 종으로 살고
지혜로운 자는 어디를 가도 주인공으로 산다
지혜로운 자는 아무것도 없이 천하를 움직이고
어리석은 자는 천만금을 갖고도 자신의 노예로 산다

사랑의 길

오늘도 힘들고 외로운 사람아 슬픈 사람아
그래도 세상을 꼭 안고 살자

.. 연민

사랑하고 사랑해라

●

아무리 좋은 말도 무심히 스치는 바람만 못하고
아무리 좋은 노래도 무심히 흐르는 물소리만 못하다
사랑하고 사랑해라 그대 존재의 가엾음을
살아 있는 모든 것은 궁극적으로 슬픈 것이다

아무런 이유 없이 세상이 슬프고 쓸쓸할 때
아무런 이유 없이 세상을 사랑하게 된다
이유 없는 슬픔과 쓸쓸함은 그대의 가장 순한 자아가
일체 생명에 대한 사랑과 연민에 눈뜨는 순간이다
이 세상 모든 것에 대하여

진심은 몸이 먼저 말한다

아무리 힘주어 말을 해도 감동이 없는 사람과
입술만 살짝 움직여도 감동이 있는 사람이 있다
진심은 몸이 먼저 말한다

오늘 그대가 우울하다면 눈앞에 있는 무엇이든
진심으로 사랑해보라
금방 세상이 환해지며 온몸에 기운이 솟을 것이다

사랑받으려 하지 마라
그 순간 고통이 시작된다
그냥 사랑해라
그 순간 축복이다

촛불을 켜면

●

촛불을 켜고 추적추적 내리는 빗소리를 듣는다
촛불을 켜면 세상사람 모두 껴안고 싶은 까닭은 무엇일까
촛불처럼 흔들리다 어느 날 갑자기 사라지기 때문일까
촛불을 켜면 온 세상이 따뜻하게 내 가슴에 녹아든다

촛불을 켜면 나도 모르게 두 손 합장하고 기도를 하게 된다
촛불은 사람의 마음을 녹이는 힘이 있다
촛불을 켜고 고요히 앉으면 세상 모두가 내 품에 안긴다
세상 모두가 아름다워진다

마음 쓰기

●

고통이 일어나면 가만히
그 고통의 원인을 지켜보라
그럼 고통이
재수 없다고 도망간다

분노가 일어나면 분노를 갖고 놀자
노는 놈 앞에 장사 없다
놀다보면 어느새 분노가 사라진다

때론 세상을 내 호주머니에 넣고 사는 기분으로
때론 내 작은 인형처럼 갖고 놀다 지치면 잠시 던져 놓고
다시 갖고 노는 기분으로 그렇게 놀다보면
한세상 그런대로 살만하다

마음을 크게 굴리면
세상도 내 마음에서 뒹굴고 논다

··· 遊(허공을 먹는 새)

가끔은 말이다

가끔은 말이다
바람에 흔들리는 꽃잎을 보다
나뭇잎을 보다
너는 세상이 아름다우냐고 묻기도 한다

가끔은 말이다
나도 모르게 흐르는 눈물을 훔칠 때가 있다
세상이 너무 아름답고 허망해서

어찌 보면 사람 사는 세상이 참
눈물겹게 서글프고 한심하기 짝이 없다
그러나 사람 사는 세상이기에
사람이 안고 가지 않으면 누가 안고 갈 것인가

오늘도 힘들고 외로운 사람아 슬픈 사람아
그래도 세상을 꼭 안고 살자

그대 지금 외롭다면

●

칠포 앞바다
공연히 알 수 없는 눈물이 맺히는 것은
짠 바닷바람 탓인가 아니면
내게도 그리운 사람이 있기 때문인가
빈 조개껍질이 발에 걸린다

지금 그대가 외롭거나 고독하다면
누군가를 사랑하거나 그리워하고 있다는 증거
만약 그대가 누군가를
그리워하거나 사랑하지 않는다면
지금 그대의 존재가 무슨 의미가 있으랴

날이 밝는다

세 친구

●

초저녁별이 쓸쓸하다
어둠 속에 흔들리는 갈대도
만약 이 세상에 쓸쓸함이 없었다면
무엇으로 세상을 녹이며 살까

나에게 쓸쓸함은
세상을 아름답게 보는 눈이요
고독은
세상의 온갖 소리를 듣는 귀요
외로움은
모든 생명을 사랑하게 하는 숨이다

나에게 이 세 친구는
세상 모든 것을 품고 받아들이는
사랑과 자비이다

··동행

젖은 가로등 불빛

●

가로등 불빛 아래 흩어지는 빗줄기는
이 세상 모든 풍경을
제 마음대로 할 수 있다는 듯이 기고만장하다
불빛을 흔들며 지나가는 아름다움이라니

비에 젖은 산동네 가로등 불빛은
사람을 한없이 착하게 한다
젖은 불빛이 빗물처럼 떨어진다
길을 멈추고 합장을 한다

세상 모든 것들도 저 가로등 불빛처럼
다정하길 바라며

밤길

밤길 홀로 걷다보면
세상 모두가 내 품에 안긴다
여기 미운 사람은 아무도 없다
하나의 큰 생명으로
내 품에 안긴다

달과 가로등

오늘 밤은 하늘의 먹구름이
기름진 유화물감을 뿌려놓은 것처럼 질퍽하다
그사이 별들이 하나둘 숨었다 나타났다 하는 가운데
보름같이 둥근달이 섬처럼 떠 있는 구름 사이를
요리조리 잘도 건너다닌다

멀리 안개 속에 묻힌 가로등불이
질투하듯 바라본다

풍경

선선한 갈바람이 분다
길 건너 보라색 무궁화꽃이
여름을 다 먹은 듯이 잎을 쫙 벌리고 있다

풍경이란 참 묘하다
바위에 걸터앉아 웃고 있는 아이의 모습이
온 세상을 통째로 웃게 한다

아이의 손

며칠 전 병원을 갔다
9층 엘리베이터에서 버튼을 누르고 서 있는데
6살배기 어린 소년이 갓 돋아난 감나무 잎 같은 손에
100원짜리 동전을 들고 나를 쳐다보았다

아이의 눈빛은 '이거 당신 거야!' 하고 있었다
엘리베이터의 문이 닫히려고 하자
아이는 버튼을 누르면서 다시 나를 쳐다보았다

세상에! 난 그만 말문이 막혀
조심스레 100원짜리 동전을
아이의 손에서 건네받았다
내가 만약 그 돈을 받지 않는다면
그 아이의 인격을 외면하는 것 같아

난 그날 그 아이의 눈빛 속에서
온 세상을 사랑하게 되었다

… 여치를 닮은아이

요술 방망이

●

물에 비친 바위색은 얼마나 평화로운지
물살이 일렁일 때마다 색이 산 것처럼 흔들리며
끊임없이 무슨 말을 하는 것 같다

고요한 물살 위에 여치 한 마리 뛰어든다
길을 잃었다

내가 휴유암에 머문 후 첫 번째 손님으로 맞이한 사람은
시청에 근무하는 정화조 담당 직원 40대 남자와
30대 중반의 여자이다
첫 손님에게 무엇을 대접하면 좋을까 생각하다
냉장고에 있는 부라보콘 두 개를 꺼내었다
남자와 여자는 고맙다는 인사말과 함께
지친 삶의 껍질을 벗기듯이
남자가 "나는 도시에만 가면 머리가 아프다" 하였고
뒤따라 여자가 "나는 사무실에만 가면 머리가 아프다" 하였다
다시 남자가, 눈을 하늘에 두고 탄식하듯이
"나도 자식만 없으면
산에서 조용히 도나 닦으며 살고 싶다"고 하자

여자는 아무런 말없이 쓴웃음을 띠며 먼 산을 바라보았다
그리고 그들은
정화조 뚜껑을 열어 보고 난 후
가기만 하면 머리가 아픈 곳으로 갔다

지금 내 앞에 있는 이 여치도
얼마나 바둥거리며 아파할지

아!
살아 있는 모든 것은 아프지 않은 것이 없구나
나는 살면서 물속에 있는 여치를 꺼내며
내게 무엇이든 아프지 않도록 해줄 수 있는
요술 방망이라도 있었으면 하는 생각을 했다

종일 자는 새

아침부터
빈 나뭇가지에 홀로 앉아
종일 자는 새를 보았다
영혼이 아픈가?

먹다 남은 사과 한 조각
가지에 걸어 둔다

·· 새가 된 사람

진리의 옷

●

부처가 팔만사천법문을 설한 것은
쉽게 말해
중생들에게 따뜻한 옷 한 벌
디자인해놓은 것과 같다

보아라!
저 옷을 입고 살면 참 따뜻하고 편안하니라
어서 저 옷을 입고 걸림 없이 살아라

간단하다. 더 물어볼 게 없다
입고 살면 될 일이다

생각해보라
아무리 좋은 옷이 있어도
그것을 벽에 걸어놓고 입지 않으면
무슨 소용 있겠는가

깨달음이란
진리의 옷을 입고 걸림 없이 사는 것이다

아름다운 분노

●

사람이 분노할 때
자신의 출세나 이익을 위해 분노하는 것은
더없이 추하고, 자신보다 공동의 삶,
대의를 위해 분노하는 것은 더없이 아름답다
진정한 분노는 세상과 인간에 대한
깊은 연민과 자비에서 나온다

모든 성인은 그 시대의 가장 위대한
혁명가요, 이단자였다
종교란 맹탕 사랑과 자비를 이야기하는 것이 아니라
그 시대의 아픔을 통철하게 깨닫고
그 아픔을 함께하는 것이다

손님 1

●

언제나 아무 말 없이 찾아오는 손님 있다
늘 지쳐 있다. 그러나
한 번도 연락하고 오라는 말은 안 했다
언젠가 올 수 없을지도 모르기에

‥고흐를 생각하며

손님 2

●

날이 밝는다
오늘 아침은 새소리가 아닌
멀리서 들리는 경운기 소리에 잠 깼다
가뭄으로 인한 농부의 물 길어 올리는 소리
아침의 소리는 무엇이든 깊고 아련하다

서울서 오전 11시에 출발한 손님이
아직 도착하지 않아 걱정이 된다
새삼
내가 너무 먼 곳에 살고 있구나 하는 생각에
괜히 찾아오는 손님에게 미안하다

·· 새가 된 미스코리아

진정한 선 1

만약 그대가 누군가를 돕고 싶다면
아무 말 없이 무심으로 도와라
그렇지 않으면 차라리 모르는 체하라
무엇이든 행세를 하면 형벌이 된다

진정한 선 2

●

선은 선 그 자체로만 선일 수 없다
진정한 선은 악을 녹일 수 있는 힘이 있다

하루

●

이슬 먹은 풀들이 고요하다
아직 날개를 털지 못한 새들도 소리가 없고
무주공산 텅 빈 계곡만 잠 깨어 있다
길 건너 노란 꽃이 말했다
"움직이는 모든 것은 아름답다"
산 빛이 꽃 말에 꼬리를 달았다
"혹은 더럽거나 치사하다"

마당을 쓸고 빨래를 했다

아침에 보았던 길 건너 노란 꽃이
오후엔 약간 방향을 바꾸어
계곡을 품고 있는 갈대밭으로 고개를 숙였다
바람이 아래서 위로 불 땐 갈대가 꽃잎을 어루만지고
위에서 아래로 불 땐 노란 꽃이 갈대를 어루만지며
엇갈린 바람의 길을 따라 서로 다정하게 사랑을 속삭인다

장마가 끝나고 얼마 남지 않은 물들이 졸졸
갑자기 많은 친구를 잃어버린 듯이 찔끔 찔끔
외로운 아이의 눈물같이 처량하다
바위틈 사이 덩그러니 고인 물은 본성대로 흐르길 갈망하나
좀처럼 흐르지 못해 비틀거린다
물살 위에 미세한 생명들이
제 존재의 여부를 알리느라 퐁퐁 바쁘다
여치, 날파리, 풍뎅이, 하루살이
해가 저문다

아침 풍경

●

날이 샌다
귀뚜라미 소리 저물고 새소리 들린다
방충망에 붙은 날파리도
어디론가 서둘러 길을 떠난다

고요한 아침
눈길에 마주한 고라니 한 마리
긴 목을 빼고 먼 산을 바라본다
산기슭에는 흰 눈이 가득하다
이리 오너라
아침밥이나 먹고 가라

날이 밝아오는 산중의 아침은
모든 것이 성스럽다
여기 잘못된 것은 하나도 없다

··그리움

고요한 불꽃

●

예술가는 언제 어디서나
불꽃처럼 타오르는 정열이 있어야 한다
그러나 고요히 타오르는 불꽃이어야 한다
아무 데나 함부로 번지는 불꽃은
깊이 타지 않는다

예술가는 모름지기
생판 모르는 길을 가야 한다
그리하여 그 길이 하늘 길이 되도록
그래야 비로소 자유로울 수 있다
그래야 비로소 예술가라 할 수 있다

화가는 그림을 파는 것이 아니라
자신의 삶과 영혼을 전하는 것이다
따라서 멋진 예술가는
타인의 삶과 영혼을 눈뜨게 해준다

깨달음을 주는 계절

●

여름 밤바람이 시원하다
여름이 아니면 이 시원함을 어찌 알 수 있으랴
우리의 삶도 무더운 여름 같은 삶의 고뇌가 없었다면
어찌 생의 즐거움을 알 수 있으랴

여름
내 인생에 깨달음을 주는
좋은 계절이라 생각하자

아무리 밤이 깊어도 반드시 새벽이 오듯이
아무리 삶이 힘들어도 반드시 즐거운 날 있으리라

들고양이

●

들고양이는 늘 혼자다
마치 외로운 방랑자처럼
들고양이가
혼자 어슬렁거리며 돌아다니다가
이따금 먼 산을 보거나
고개를 숙이고 가만히 있으면
괜히 가슴이 먹먹하다

··求愛(구애)

홀로 아리랑

●

처음엔 밥을 한 끼만 하다 지금은 두 끼를 한다
처음엔 밥을 혼자 먹는 줄 알았는데 지금은 여럿이 먹는다

올 봄에 심은 백일홍 나무 밑에
어디서 날아왔는지
빨간 사루비아 꽃이 백일홍과 함께 피었다
그 밑에 개미들의 군단이 몇 개나 되는지
그 너머 호박 넝쿨 사이엔
벌들의 사단이 몇 개나 되는지

처음엔 혼자 숟가락질을 부질없이 하다가
지금은 숟가락질을 신명나게 한다

국민 가수 조용필이 평양에서 '홀로 아리랑'을 부를 때
평양 시민 모두가 기립박수를 치다 모두
눈시울 붉히며 콧등을 시큰거릴 때
나는 숟가락을 들고 이리저리 휘 저으며
홀로 아리랑을 불렀다

여기 있는 동안 다른 것은 몰라도
밥 짓는 일은 게을리하지 않아야겠다
장차 밥통이 아니라
큰 솥단지를 걸어야 할지도

사과나무

●

개나리꽃에 넋을 잃고 무념무상이 되었다가
시냇물 소리에 정신을 차리고 보니
거대한 유적지가 내 앞에 서 있다

아직 꽃을 피우지 못한 사과나무
왜 사과나무는 유적처럼 느껴질까
굵은 나뭇가지가 사방으로 뻗어 있는 사과나무는
우리 인간의 고단한 삶의 질곡처럼
깊은 비틀림의 미학을 담고 있다

여행의 길

홀연히 떠나는 자에겐
늘 새로운 세계가 기다리고 있다

··강남제비

홀연히 떠나는 자

무엇이든 그대를 비난하는 사람도 있고
칭찬하는 사람도 있다
그러나 그 어떤 비난과 칭찬에도 머물지 마라
무엇이든 홀연히 떠나는 자에겐
늘 새로운 세계가 기다리고 있다

혼자 하는 여행

●

혼자 하는 여행은
만물과 함께 깨어 있는 순간이요
우주를 통째로 품는 것이다

여행은 세상의 아름다운 풍경을 만나기보다
자신의 아름다운 내면의 풍경을 만나는 것이다

혼자 여행을 일주일 하면
세상사 모든 시비와 멀어지고
2주를 하면 불쌍해지고
3주를 하면 세상 모든 것을 품을 수 있다
그리고 한 달을 하면
세상 그 어떤 것에도 연연하지 않는다

모든 길은 자신을 통한다

어리석은 자는 한 치 앞을 못 보고
지혜로운 자는 천 리 밖을 본다

그대 지금 길이 없다면
고요히 앉아 자신을 보라

모든 길은 자신을 통한다

빈둥거림

●

세상이 아무리 바빠도
빈둥거릴 줄 아는 자는 축복받은 사람이다
묘하게도 인류의 지혜는
이 빈둥거림 속에서 나온다
온전한 빈둥거림은 완전한 몰입이다

바람에게 길을 물으니

●

내가 산을 오르는 시간엔 모두 산을 내려온다
속리산은 기암절벽이 수려해
바위를 비집고 빠져나오는 사람들의 모습이
마치 곰이 마늘을 먹고 금방 사람의 모습을 하고
첫발을 내딛는 것 같다

바람에게 길을 물으니
네 멋대로 가라 한다
얼쩡거리고 서 있으니
단풍잎이 귀싸대기를 때린다

산을 내려오다 바위에 앉아
어둠 속의 물소리를 듣는다
깜깜한 어둠 속에 빽빽이 뻗은 잔나뭇가지들이
마치 하늘이 수염을 달고 있는 듯하다

바람은 아무리 불어도
어둠을 걷어내지 못하는구나
빈 나뭇가지 허공을 쩬다

무상

●

날이 저문다
뻐꾸기 소리 멀어져 가고
시든 꽃잎이 바람에 날린다

일체가 무상한 줄 알면
세상 그 무엇도 시비할 일이 없다
허상도 허상 아닌 것도
진리도 진리 아닌 것도

지금 내게 부는 바람은
산바람도 아니요, 들바람도 아니다
지금 내게 부는 바람은
인간의 삶 속에서 허망하게 불어오는
깊은 한숨의 바람이다

새벽 명상

새벽에 일어나 참선을 하면
세상 모든 것이 내 안으로 스며든다
여기 아름답지 않은 것은
아무것도 없다

새벽 명상은 우주의 심장에
고요히 홀로 앉는 것이다

‥화두

나그네의 감성

●

기차 하면 마음이 설레는데
KTX 하면 아무런 느낌이 없다
버스하면 마음이 덜컹거리고
리무진하면 마음이 밋밋하다

여행길에 레스토랑에서 피자를 시켜
맥주 한잔할 때에는
따분한 조화를 만지작거리는 것 같더니
시장 바닥에서 파전에 소주 한잔했더니
파릇한 생화를 만지는 것 같다

몸이 가벼워야

●

사람이 살면서 전혀 안 먹고 살 수는 없지만
식탐이 없으면 사는 일이 굉장히 편안하고 자유롭다

소식을 하면 삶이 단순해지고 정신이 맑아진다
여행을 할 때에도
자연의 소리를 훨씬 더 깊이 들을 수 있고
모든 사물이 투명하게 보인다

몸이 가벼워야 울림이 크다

‥ 생명의 축제
— 盤惹(지혜의 꽃)

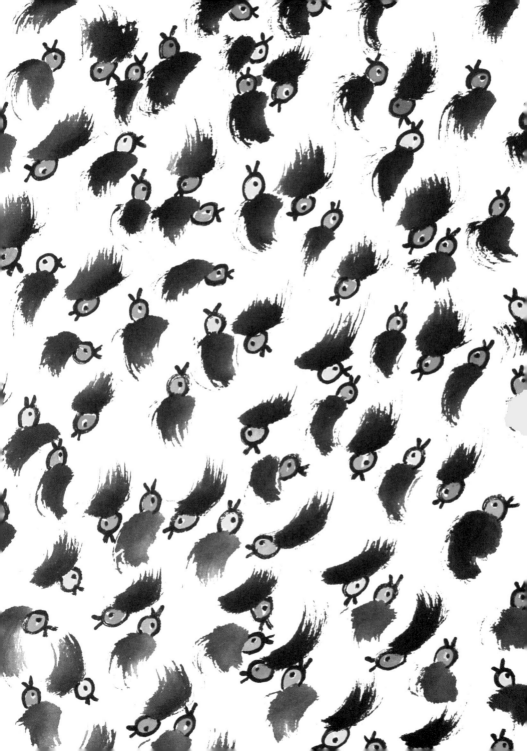

물의 나라 화천

●

물의 나라 화천
오늘은 파로호에서
이 세상 모든 별들을 낚아
고기밥을 줘야지
내일은 이 세상 모든 별들이
고기 배 속에서 뜨리라

파로호는
뉴질랜드에 있는 밀포드 사운드를 연상케 한다
그만큼 저녁이 아름다운 곳이다

소양강

소양강에 뜨는 초승달은
아기의 속눈썹 같은 그리움이다
소양강은 소양강 처녀의 치맛자락이 흔들리듯이
굽이굽이 자유롭다

여행을 떠난다는 것은 영혼의 옷을 갈아입는 것
봉우리가 높으면 빛을 많이 받듯이
생각을 키우면 많은 지혜가 생긴다

소양강에 발 담그고 초승달을 바라본다

풍당풍당

●

또 하루가 간다
멀리서 들리는 차 소리가
귓전에서 얼어붙는다

어둠에 묻힌 산들이
어깨동무를 하고
동그란 하늘호수를 만든다
풍당풍당 별들이 하나 둘
그 속으로 빠진다

ㄹ.13.ㄹ

·· 禪(하늘미소)

달빛을 밟으며

●

바랑 하나 둘러메고 길 떠나던 날
無心衣(무심의) 갈아입고 좋아했었네
옷깃에 별을 달고 달을 달아서
밤길 홀로 선 걸음도 시원해라
한 걸음 부처 나고 두 걸음 부처 나네
오호라! 한세월 억만 겁을 돌아서
한 걸음 두 걸음 억만 부처 만나리

지리산 천왕봉을 야간 등반하고
새벽녘 숲속으로 떨어지는 달빛을 밟으며 내려오니
나뭇잎이 흔들릴 때마다 발길도 따라 흔들린다
서걱거리는 갈잎, 달빛에 젖고 물소리에 젖어
나도 뒹굴고 갈잎도 뒹군다
하! 온 세상이 나를 따라 움직이는구나

숲에서 똥 누기

●

내일은 덕유산에 올라
백두대간의 무릎을 베고 긴 낮잠을 자야지
솔바람 소리에 귀를 맡기고

덕유산 산행은 눈이 있어 참 좋았다
무엇보다 숲에서 똥 누는 일

혼자 하는 산행은 모든 것이 말을 건다
하물며 숲에서 똥을 누면 똥도 말을 건다
시원하지

코스모스

코스모스가 피면 춤을 추어야지
한들거리는 꽃잎과 입맞춤하며
그 순한 흔들림 속으로
내 생명의 끈을 풀어놓아야지
코스모스가 피면
온 세상이 다 흔들리겠지

몸이 가는 들꽃들은 바람 불지 않아도
새소리에 흔들리고 물소리에 흔들린다
고요히 흔들리는 저 꽃들은
저 가는 몸으로 온 우주를 흔든다

‥ 기억

산천은 두두물물

오대산 비로봉 오르는 길 눈밭에 떨어지는 목탁 소리와
새소리 물소리 바람 소리를 밟으며 한 발 두 발 걷나니
이 세상 모든 전설이 깔깔거리며 쫓아 나온다

비로봉에 올라 상왕봉을 바라보니
경허와 한암이 마주보고
두로봉을 바라보니
문수와 보현이 입맞춤하네
먼 산 구름 속엔 석가와 가섭이 나란히 걷는데
어찌하여 허허당은 홀로 섰는가
오호! 흩날리는 눈발이 멱살을 잡네

산 아래 목탁 소리 들리나 바람 소리만 못하고
염불 소리 들리나 물소리만 못하다
산천은 두두물물 진리의 빛으로 가득한데
공연히 집을 짓고 애쓰는 이 많구나

11월 15일

●

백담사에서 오세암을 지나 봉정암에 이른 시각은 저녁 7시
야간 산행을 즐기며 내려오다 계곡에 앉아 물소리를 듣다보니
쭉쭉 뻗은 나뭇가지 위에 총총한 별들이
마치 생일파티를 하기 위해 촛불을 켜놓은 듯하다
그러고 보니 오늘이 내 생일
무심히 흐르던 물소리가 살며시 내 곁에 앉는다

피어싱

●

태백산 백두대간은
고요하면서도 쾌활하고
쾌활하면서도 장엄하다

아무도 없는 이 길을
싸락눈 맞으며 홀로 걷나니
왼발은 앞산 오른발은 뒷산
피어싱이다
천지가 달랑달랑
내 발아래 걸린다

휴식

●

눈 녹은 물에 발을 담근다
산짐승이 지나간 발자국
오후의 햇살이 달다

··충만

덕유산

●

이 산에 몸을 기대니 저 산이 손짓하고
이 봉우리에 발을 디디니 저 봉우리가 웃는다
덕유산 어쩜 그리도 잘나고 매혹적인지
내 몸이 사방으로 찢겨져 나간다

산을 내려오다
나무가 툭툭 부러진 것을 보았다
이 나무들은 대다수
너무 많은 가지와 잎을 가지고 있었다

그렇다
사람도 너무 많은 것을 혼자 가지면
저 나무처럼 될 것이다
허나 적당한 가지와 잎을 가진 나무는
아주 품위 있게 하늘을 찌르며 멋을 부렸다
사람도 적당히 가벼워야
멋진 인생을 살 수 있다

고마운 산들아

만행 길에 돌아와 촛불을 켜고 앉으니
지리산 덕유산 황악산 속리산 소백산 태백산
오대산 설악산이 먼저 와 앉아 있다
다 내게 기쁨을 준 산
고마운 산들아! 이제 가서 쉬어라
이번 만행은 산들이 내 몸에서 살다 간 것 같다

내 안의 티끌

방 청소를 끝내고
어둠 속으로 빠져드는 새소리를 듣는다
차를 마시며 내 안에 박힌 티끌도
하나하나 끄집어낸다
긴 바람 소리에 등이 휜다

‥ 썰매 타는 학

함께 걸어라

함께 걸어라
앞서지도 말고 뒤서지도 말고
참된 도반은
혼자 가도 함께 걷는다

··도반

우주와 일대일로 맞서기 1

밤길 홀로 여행을 떠나면
온 세상이 내 품에 안긴다
홀로 있는 것을 두려워하지 마라

지금 그대가 작아진다면
벌떡 일어나 여행을 떠나라
홀로 우주와 일대일로 맞서라
거기 광활한 존재의 기쁨이 있다

··· 覺(우주를품은학)

우주와 일대일로 맞서기 2

●

우주와 일대일로 맞선 사람은
인생을 성공과 실패로 나누지 않는다
우주와 일대일로 맞선 사람은
오직 진리를 찾아갈 뿐이다

인생을 성공과 실패로 나누는 사람은
아직 인생에 대해
깊은 통찰이 없기 때문이다

인생을 성공과 실패로 나눈다면
태어남이 가장 큰 성공일 것이요
동시에 죽음을 안고 나왔으니
이미 가장 큰 실패를 한 것이다

현자는 이 도리를 알고
성공과 실패에 연연하지 않고
참 나를 찾는 길을 간다

범아일여

황악산 오르는 길

●

산을 오르니 산이 되고
강을 건너니 강이 된다
무엇이든 무심히 놓고 놀면
일체가 하나다

법당을 갖지 않으니
온 세상이 법당이요
법을 갖지 않으니
온 천하가 법이로다

오호! 저 산 까마귀
황악산을 물고 가네

평생 휴가

나는 평생 휴가 받은 기분으로 산다
삶 자체를 휴가 받은 기분으로 살면
무슨 일을 해도 즐겁고 재미있다

고요한 응답

홀로 있다는 것은
우주가 통째로 내게 말을 거는 순간이다
깨달음이란 이런 순간을 지켜보며
고요히 응답하는 것

··소통

아름다운 지배

●

산을 오르고 내리는 것은 단지 오르고 내리는 것이 아니라
오르고 내리는 자의 새로운 삶을 싹 틔우는 것이다
그러기 위해선 가능한 혼자가 좋다

홀로 산행을 하다보면 산이 온통 나를 지배하거나
내가 온통 산을 지배할 때가 있다
난 이것을 아름다운 지배라 한다

고요한 산중 홀로 눈 녹는 소리에 귀 기울이면
세상이 얼마나 아름다운지 괜스레 눈물이 난다

바다나 산 들판을 걸을 때
가능한 혼자서 걷도록 해보자
사람은 어디서든
여백이 있을 때 자신의 소리에 귀 기울인다

삶의 여백은 깨달음을 부른다

자연의 길

산중의 겨울밤은 물을 것이 아무것도 없다

모두 스스로 길이 된다

··· 겨울 다람쥐

겨울밤

●

겨울밤엔 별을 밟고 은하수를 걷는다
산중의 겨울밤은 물을 것이 아무것도 없다
모두 스스로 길이 된다

너에게 배운다

●

산중 생활은 비가 오나 눈이 오면
끝없는 상상의 세계에 빠진다
무엇보다 생명의 근원에 대해 자연은
일체 생명이 둘 아님을 보여준다

무심히 피었다 지는 꽃이여
너는 얼마나 많은 사람들을
놀라게 하고 기쁘게 했나

그러고도 아무 말 없이 지는 꽃이여
너에게 배운다
세상에 자랑할 만한 것
아무것도 없다는 것을

외로운 것들의 비명

＊

가을은 모든 것이 비명 한다
날으는 새도 흔들리는 꽃들도 심지어
산마루에 걸쳐 있는 산 그림자도

가을로 접어들며
풀벌레들의 울음소리가 점점 더 커진다
가을은 외로운 영혼들이 모여 우는 계절인가
마당에 작년에 떨어진 낙엽 하나 뒹군다
외로운 것들의 비명

밤이 아름다운 것은

어제오늘 계속해서 비가 내린다
소낙비가 오다 안개비가 오다
빗속에서도 매미 소리는 여전하다

살아 있다는 것은 소리 내는 것인가
밖으로 혹은 안으로

또 비가 내린다
어둠을 뚫고 내리는 비는
더 청명한 소리를 낸다

밤이 아름다운 것은
모든 소리를 고요히 들려주기 때문이다

‥ 새앙쥐

작아지고 싶다

오늘은 은행나무 그늘에 누워
빈둥빈둥 세월을 약올렸다
바로 누워 하늘을 보다 엎어져 누워 개미들을 보다
개미들은 이 더운 날씨에도 땀 한 방울 흘리지 않고
각자 하나씩 우주를 물고 천하태평 잘도 논다
개미가 되고 싶다

자다 일어나 불을 켜니 먹다 남은 사과 위에
개미들이 줄지어 논다
이놈들은 어디서든 자유롭다
작아지고 싶다

초저녁 별

●

그저 바라보기만 해도 고맙다
잔나뭇가지들이 추위에 오그라들어
파마를 한 머리카락처럼
꼬불꼬불 바람에 흔들리는 모습이
세상 모든 것을 잊게 한다

새가 날고
초저녁 별들이 가지에 걸린다

겨울새

●

계속 눈이 내린다
창가에 작은 새 한 마리 날아와
이내 어디론가 사라진다

겨울새는 날은다기보다
구른다는 표현이 더 잘 어울린다
잔나뭇가지 사이로 요리조리
숨었다 나타났다 하는 모습이
마치 숲을 안고 구르는 것 같다
때굴때굴

앙상한 겨울 나뭇가지 사이로
폴폴 날아드는 작은 산새들의 모습을 보면
그만 이승을 날고 싶다
폴폴 더없이 자유로운 날갯짓이
내 영혼을 차고 간다

··· 폴폴

선인장과 수행자

●

선인장과 수행자는 닮은 점이 있다
사막에 외롭게 홀로 있는 선인장이
붉은 꽃을 피울 때 사막 전체가 붉듯이
수행자도 고독하게 홀로 있는 모습이
가장 아름답다
그 싸늘한 눈빛이

선인장과 수행자는
무리를 이루면 빛을 잃는다

말조심

●

비가 멎고 점점 높아가는 물소리에 기대어 차를 마신다
비를 피해 방 안으로 들어온 개구리 한 마리
삐딱한 자세로 한 발은 차탁 위에 한 발은 찻잔 위에 놓는다
"이놈의 자식"
무심코 한 말에 찻잔을 뒤집고 내 뺨을 후려친다
개구리에게 배운다
말 조 심

지혜로운 자는

한여름 그렇게도 풀풀했던 풀들이
겨울 문턱에서 모두 다 기죽어 있다
듬성듬성 잎을 잃어가는 나무들도
가지를 움츠리며 지난날을 그리워한다

삶이란
지난날을 그리워하며
하나하나 잃어가는 것
그러나 지혜로운 자는
잃기보다는 비워가리니

혜혜야?
옹?

·· 夢(꿈꾸는 아이)

산중의 밤

●

밤새 흐르는 개울물 소리가
밤새 나를 흔들어 깨운다
산중의 밤은 혼자 있어도
시시콜콜한 이야기를
용납하지 않는다

봉두난발

초승달

초승달이
쪽배처럼 떠 있는 밤
멀리서 개 짖는 소리가
쪽배에 실려 간다
멍 멍!

밤낮 없이 떨어지는 단풍잎
온 종일 붉은 가슴으로 하루를 산다
초승달이 산을 넘으며 밤을 낮으로 뒤집는다

봐라! 저 한들거리는 나뭇잎을
그리고 스쳐 지나가는 초승달을
누가 네 목덜미를 잡고 있는가

고양이 발톱

●

날이 추워지니
들고양이가 먹을 것이 없어
방문 앞을 자주 기웃거린다
부스럭 부스럭

가만히 누워 이 소리를 들으면
세상 모든 것이
고양이 발톱 안에 있는 것 같다

소쩍새

●

밤에 우는 소쩍새는 언제나 혼자다
소리도 매우 짧고 가냘프다
또한 연달아 울지 않고 약 10분 간격으로 운다
마치 실연당한 사람이 짝을 옆에 두고도
서러움에 복받쳐 아무 말 못하는 것처럼
울컥 울컥~

날이 샌다
밤새 울던 소쩍새도 자취를 감추고
농부가 끄는 경운기 소리가
아침 인사를 대신한다
비 올 것 같지 않다

‥ 외로움, 고독, 사무침

소리 바다

●

밤새 그림을 그리다 새벽이 오면
이슬 먹은 풀잎들이 아침 인사를 건넨다
나의 하루는 젖은 풀잎들과
촉촉한 입맞춤으로 시작한다

밤새 그림을 그리다 아침에 눈을 뜨면
소리 바다에 빠져 있다
며칠 장맛비가 지나가고 난 이곳 산중은
온통 소리들로 꽉 찬다

물소리 새소리 풀벌레 소리
빛이 곧장 쏟아지다 소리들에 놀라
사방으로 흩어진다

저물 무렵

종일 노란 개나리꽃을 보다
노란 사람이 되기도 하고
하얀 복사꽃을 보다
하얀 사람이 되기도 한다

저물 무렵
홀로 허공을 나는 새를 보면
왜 이리 가슴이 텅 비는지
혹 저 새가
전생에 나였던가 하는 생각이 든다
길 건너 복사꽃이 어둠에 묻힌다

·· 생명의 축제
— 法華(진리의 꽃)

불꽃놀이

●

점점 깊어가는 가사의 밤
물소리 위에 빗소리 포갠다
촛불을 켜고 차를 마신다
흔들거리는 촛불 위에 작은 날파리들
불꽃놀이에 여념이 없다
녀석들 오줌 싸겠네

거미 똥구멍

새들이 날아드는 이른 아침
풀잎에 매달린 거미 한 마리
그 밑에 작은 풀꽃들이
깔깔~ 거미 똥구멍을 흉본다

산 그림자

●

점점 해가 짧아진다
사방을 둘러보며 긴 막대기를 찾는다
어린 시절 해질 무렵 담벼락에 기대어
더 놀고 싶은 마음에
해를 건져 올리려고 했던
긴 막대기

날이 저문다
새들 숲속으로 날아들고
산 그림자 나를 안고
산꼭대기로 꼭대기로 가더니
미친놈
노을 속으로 내팽개친다

..오후

새들은

●

해질 무렵
비학산 자락을 한 바퀴 돌며
작은 호수와 호수를 나는 새떼를 보았다
그리고 산자락에 걸린 예쁜 집들이
어둠 속으로 빠져드는 것도
새들은 저리 자유롭게 날면서도
누구하나 잘난 체하지 않는다

·· 저녁

스스로 길임을 아는 것은

길은 길을 묻지 않고
길은 길을 가지 않네
스스로 길임을 아는 것은
아무런 길도 묻지 않고 아무런 길도 가지 않네
오직 사람만이 길을 묻고 길을 가는 것은
인간은 만물의 영장이란 착각 속에
길을 잃었기 때문이다
자기를 겸손히 살피는 자에겐
만물이 스스로 길이 된다

새들은 빗속에서도 잘도 난다
인간이 만물의 영장이라는 것은
다만 인간의 이야기일 뿐
그 무엇과도 통하지 않는다

꾀꼬리

●

한동안 보이지 않던 노란 꾀꼬리 한 마리가
이 숲에서 저 숲으로 휙 지나갔다
순간 눈에 노란 물감이 배여 천지가 노랗다

고추잠자리

가을 하늘에 떠 있는 고추잠자리는
마치 허공에 점을 찍어놓은 듯이 가만히 있다
무수한 빛과 바람을 맞으며
지금 모든 세계가
고추잠자리의 지배를 받고 있는 듯하다

··· 허공을 지배한 잠자리 1

·· 허공을 지배한 잠자리 2

허공을 지배한 잠자리3

고독한 산짐승

먹을 것이 없는 겨울 산중은
산짐승들의 생존이 눈물겹다
여기저기서 터져나오는
산짐승들의 비명
온 산이 운다

겨울엔
산짐승이 되고 싶다
거친 황야를 홀로 걷는
고독한 산짐승

적막

●

그림을 그리다 갑자기 부는 바람 소리에
잠시 붓을 놓고 밖을 내다 봤다
칠흑같이 어두운 밤, 이 세상 모든 전설이
쪼로미 방문 앞에 앉아 있다

오늘 밤은 여느 때보다 어둠이 짙다
풀벌레들도 짙은 어둠 탓인지 고요하다
산 너머 동해 바다의 파도 소리가 들리는 듯하다
촛불을 켜고 차를 마신다

먼 길

밖에 나가 산짐승 우는 소리를 따라갔다
숲은 어둠 속에서도 바람의 노래를 한없이 지어내고
물은 눈 없이도 자유롭게 잘도 흐른다
별은 보는 이 없어도 절로 빛나고
나는 내 먼 길을 하염없이 걷는다

구름을 먹는 달

잠에서 깨어 달을 본다
오늘의 달은 겨울 달처럼 핼쑥하다
달도 배가 고픈가
옅은 흰 구름을
후~ 마시듯 지나간다

비밀스러운 바람

오늘 아침 날씨는 제법 선들하다
잔잔한 바람이 나뭇잎 사이를 배회하며
무슨 이야기가 그리도 많은지
누가 들을까봐
쉬 쉬 쉬 쉬~
사방으로 흩어진다

·· 傳法(전법)

바람에게 길을 물으니
네 멋대로 가라 한다

초판 1쇄 발행 2013년 7월 22일 **초판 12쇄 발행** 2019년 8월 30일

지은이 허허당
펴낸이 연준혁

출판 2본부 본부장 이진영
출판 6분사 분사장 정낙정
디자인 이세호

펴낸곳 (주)위즈덤하우스 미디어그룹 **출판등록** 2000년 5월 23일 제13-1071호
주소 경기도 고양시 일산동구 정발산로 43-20 센트럴프라자 6층
전화 031)936-4000 **팩스** 031)903-3893 **홈페이지** www.wisdomhouse.co.kr

값 13,800원   ISBN 978-89-5913-747-3 13320